とろサーモン 村田秀亮の

中華鍋ひとつで

山中華

村田秀亮
（むらたひであき）

著

JN113270

山の中で食べる中華、
最高やね〜

キャンプと中華料理って
実は相性抜群なの知ってました？

焚き火って高火力だから
家よりずっといい味出せるんです。

いや〜炎をみてると
腕を振るいたくなるんです！

火力たっぷり
中華鍋を
よ〜〜く
熱して……

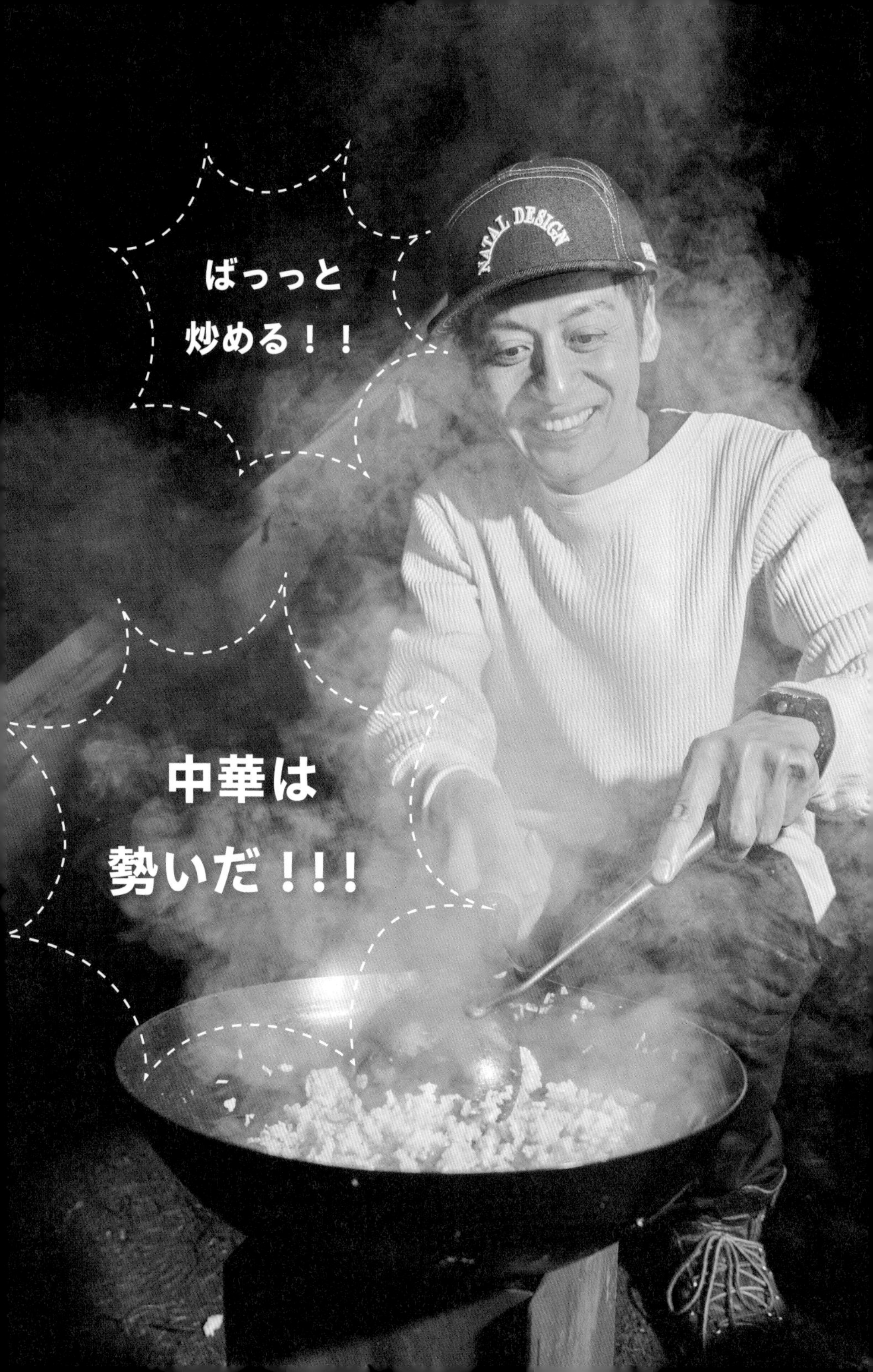
ばっっと
炒める！！
中華は
勢いだ！！！
NATAL DESIGN

はじめに

　数多ある料理本、キャンプ本の中からこの本を手に取っていただきまして、本当にありがとうございます。

　僕の父親は、四川料理のコックで、日本に麻婆豆腐や坦々麺を伝えた陳健民さんの弟子でもありました。小さいころは、父の店で四川料理を食べさせてもらっていて、心底、中華が好きなガキんちょでした。

　よく厨房に入れてもらい、父の調理している姿をジッと後ろから見ていたんです。でっかい炎で、鉄の鍋を振る姿は、何よりもカッコよかったなあ。

　大人になりキャンプに魅了されてからというもの、いろんなキャンプ飯を作りました。いつからか、山で中華が食いたいと思うようになり、試行錯誤。家庭のコンロでは出せない、でっかい火力は、焚き火でならできるんじゃないかとやってみたら、炊く前の米くらいパラパラのチャーハンができたんです。そこから山中華に魅了されていきました。

　作り方は荒々しいけれど、見た目は繊細な中華料理は、山にピッタリだと思ったし、なにより、"野"で中華鍋を振ってる人は、あまりキャンプ場にはいない。ふと俯瞰で自分を見てみたら、めっちゃアホみたいやったんです。

　キャンプ料理というジャンルで、中華がもっと広がるといいなあ。そんな思いで、レシピを書きました。家庭で作ってもおいしく食べられます。

　ぜひ、中華の喜びを堪能してみてください。

とろサーモン　村田秀亮

CONTENTS

中華料理ってハードル高そう？
と思うことなかれ。大事なのは、
中華鍋と相棒になること。

CHAPTER1

村田流 山中華　準備編
〜中華の道具と調味料 基本のき〜

CHAPTER2

村田流 山中華　一品料理編
~ど・定番のザ・中華、さっそく作ってみよう~

美味しくて、それだけで大満足なお
かずたち。村田流のレシピを余すと
ころなく紹介しよう。

CHAPTER3

村田流 山中華　揚げ物編
～揚げ物が大好きです。
　今日から揚げるのも好きになりそうです～

山中華では思う存分、揚げられる！！
そう、中華鍋って揚げ物もお任せな万能鍋なんです。

CHAPTER4

飲んだあとの締めにもよさそうな、ごはんもののレシピ。たまには食欲に負けて、おなかいっぱいになってください。

村田流 山中華　ごはん編
～麺とか丼とか飯とか、おなかいっぱいになりたい～

炎を囲んであたたかいスープを啜る…
大昔から人類が愛するこの光景。山中
華でもできるんです。

CHAPTER5

村田流 山中華　スープ・蒸し料理編
～あったらうれしい、ほっとする、ホカホカなおかず～

column 1
かんたん！和えるだけ！すぐにできる中華前菜5選

column 2
村田流 山中華キャンプの過ごし方 ・・・・・・・・・・・・・・・136

本書のきまり

◆ 大さじ1は15ml、小さじ1は5mlです。

◆ 鍋の大きさや材質によって熱の伝わり方や水分の蒸発の仕方などに差が出ます。

◆ 火加減の目安は、強火が「鍋底に炎が勢いよく当たる程度」、中火が「鍋底に炎がちょうど届く程度」、弱火が「鍋底に炎がギリギリ当たらない程度」です。

◆ レシピに出てくる「〇分煮る」とは、特別に記載がない限り、はじめの材料を入れてからの目安時間です。

◆ レシピに加える水溶き片栗粉の分量は、鍋中の食材の加減を見ながら調整してください。

◆ フライパンで何かを炒めるとき、特筆がないものは、全て強火です。

◆ フライパンに油を入れるとき、特筆がないものは、大さじ1、多めの油のときは、大さじ3を目安にしてください。

◆ 各レシピにある調理時間は、キャンプ場で行う作業の目安時間となっています。

◆ レシピ内の Home は、自宅で行い、 Camp は、キャンプ場で行うことを示しています。

◆ 本書のレシピの分量は、特筆されているものを除き、1人分で表記されています。2人分を作りたいときは、分量を倍にし、塩加減は様子を見ながら調整してください。

CHAPTER1

村田流 山中華
準備編

～中華の道具と調味料 基本のき～

中華料理ってハードル高そう？

と思うことなかれ。

大事なのは、中華鍋と相棒になること。

すでに持っている方も

今回はじめて手に入れるという方も

しっかりお手入れをしてこそ、

本領を発揮できる、頼もしい道具になる！

そして、多種多様な調味料だけど、

「これさえあれば」をここでばっちり押さえよう！

キャンプに中華

焚き火と相性バツグン！ガシガシ使おう

焚き火の燃え盛る炎だからこそ、家庭では出せない高火力を実現。シンプル＆スピーディーな炒め物に本領発揮！

後片付けもラクラク！

ちゃんとシーズニングしておけば、こびりつかないし、汚れはサッと落ちます。落ちにくい汚れは焚き火で焼き切ってしまおう！

鍋がいいだって?!

中華鍋の極意を知ろう！

中華鍋は鉄鍋。鉄は火力のレスポンスが抜群なんやで。火力を思いのままに操って、見えてきそうなオノマトペと一緒に料理を楽しもう。

中華鍋ひとつで楽しみ無限大！

中華鍋って、炒めるのはもちろん、焼く、煮る、茹でる、揚げる、蒸すなど、なんでもできんねんで。作られへん料理はないで〜。

町中華から山中華へ

店で食べる中華っておいしいよね。だけど、"野"でもぜひ作ってみてほしい。店レベルとかそういう次元じゃない。もうこれはロマン。

中華は火力が命！？

「家では火力が出ないから、中華って作れないよね」

そんな風に思っている人、多くないですか？　じゃあ家で出せないなら、外でやってしまおう。そんな発想から生まれたのが、この本です。中華で火力が必要な理由は、主に炒めものをスピーディーに仕上げるためなんです。火が強すぎると、外側だけ焦げて中は半生、なんて不安に思う人もいるかもしれないけれど、中華の炒めは、最後にサッと行うだけ。それまでに、食材には多少火を入れておくことが多いんです。この最後にサッと炒めるために、火力が必要。焚き火で作り出すこの火力があれば、炒めすぎて食材の食感を損うこともなく、最高の状態で仕上げることができるってことなんです。

山中華。
まず響きが最高でしょ？

町中華っていいですよね。僕ももちろん大好きです。だけど、中華をどうしても山で食べたい。そう思って、中華鍋をキャンプ道具のひとつとして召喚しました。これが大正解！　中華鍋は、他のキャンプ道具に比べて少し大きいけれど、スキレットよりも軽いし、いろんな料理を作ることができるので、とても重宝しています。そして、作っているときの「音」もいい。カンカンとお玉で叩いて、ジュ〜と鳴る。見えてきそうなオノマトペが山に響くんです。これぞ僕が求めていた山中華。野で食べる中華料理って本当においしいから、ぜひやってみて！

中華鍋には種類があるって知ってた？

北京鍋（ぺきん）

片手鍋なので炒めものをするときに、鍋を振りやすく、広東鍋に比べて深さがあるので、比較的少ない水量で煮たり茹でたりできる。鍋に持ち手が付いていることで、重心のバランスが悪く、五徳にのせても不安定なので注意が必要。持ち手にカバーなどが施されていないものは、持ち手も高熱になるので、鍋を持つときは、耐熱の手袋または、ふきんなどを使う。

広東鍋
かんとん

持ち手が両側につけられた両手鍋。中華鍋の扱いに慣れている中華料理屋さんで見るのは、こちらの方が多い。北京鍋に比べて、平べったく作られているので、調理面積が広く、食材に均一に火が入りやすい。重心が中心にあるので、五徳などに置いたときにバランスがよいが、北京鍋に比べて、鍋ふりなどの扱いにコツがいる。この鍋も持ち手が高熱になるので、耐熱の手袋やふきんは必要。

中華鍋には、片手鍋の「北京鍋」、両手鍋の「広東鍋」という2種類があります。僕が持っているのは北京鍋なんだけど、それぞれ特徴があるから、自分に合った形を選んでね。

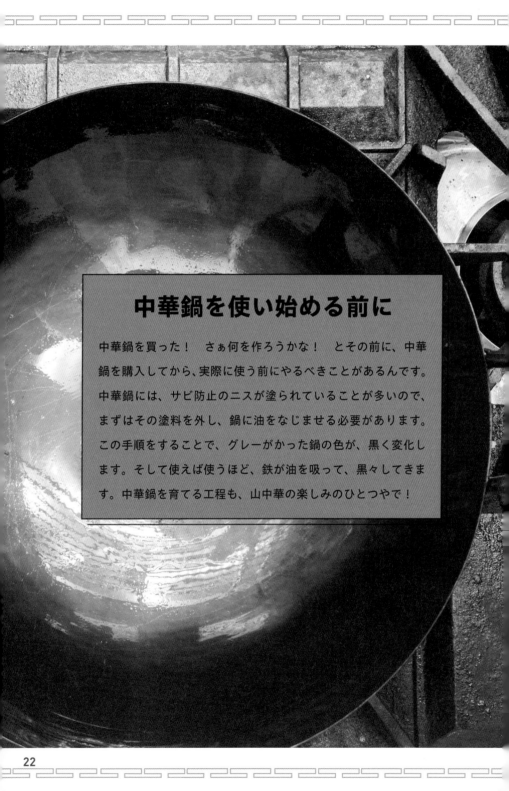

中華鍋を使い始める前に

中華鍋を買った！　さぁ何を作ろうかな！　とその前に、中華鍋を購入してから、実際に使う前にやるべきことがあるんです。中華鍋には、サビ防止のニスが塗られていることが多いので、まずはその塗料を外し、鍋に油をなじませる必要があります。この手順をすることで、グレーがかった鍋の色が、黒く変化します。そして使えば使うほど、鉄が油を吸って、黒々してきます。中華鍋を育てる工程も、山中華の楽しみのひとつやで！

1 ニスを焼き切る

中華鍋は出荷状態時、サビ防止のニスが塗られています。鍋を回しながら、強火でまんべんなく焼いていきます。鍋を焼くとどんどん青黒くなっていきます。

2 中性洗剤で洗う

焼いた鍋を完全に冷やしたら、中性洗剤でよく洗います。ここでスチールたわしを使うと鍋に傷がつくので、スポンジがおすすめ。

3 油をならす

きれいに洗った鍋を火にかけ水分を飛ばします。そのあと、多めのサラダ油を入れて、鍋全体にならします。

4 くず野菜を炒める

3 の鍋にくず野菜を入れ炒めます。鍋全体を使って炒めるようにしましょう。このとき、お玉も 1 ～ 3 をやっておくと、同時に事前準備をすることができますよ！

5 お湯で洗う

くず野菜をある程度炒めたら、くず野菜を捨て、鍋を冷ましてからお湯で洗います。ここから洗剤を使うのは厳禁。中性洗剤を使うとサビの原因になります。

6 油を塗る

しっかり鍋を洗ったら、水分を完全に拭き取り保管します。すぐ使わないようであれば、油を薄く塗っておくとよいです。油を塗ることでサビ防止になります。

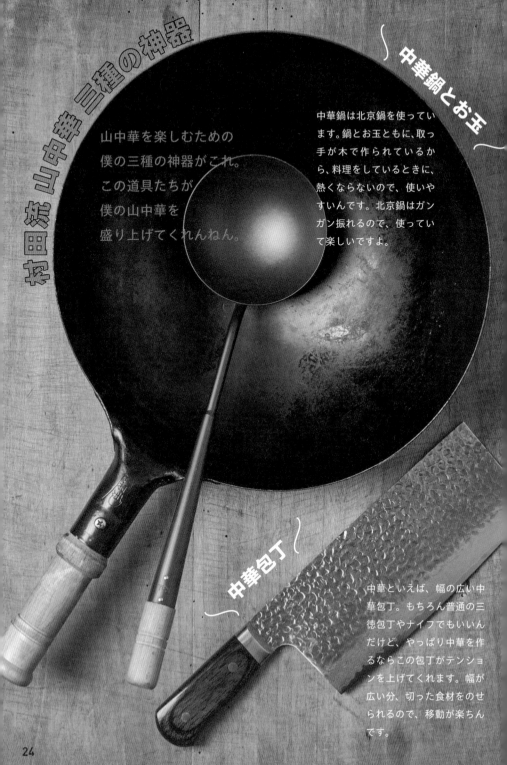

山中華を楽しむための
僕の三種の神器がこれ。
この道具たちが
僕の山中華を
盛り上げてくれんねん。

中華鍋とお玉

中華鍋は北京鍋を使っています。鍋とお玉ともに、取っ手が木で作られているから、料理をしているときに、熱くならないので、使いやすいんです。北京鍋はガンガン振れるので、使っていて楽しいですよ。

中華包丁

中華といえば、幅の広い中華包丁。もちろん普通の三徳包丁やナイフでもいいんだけど、やっぱり中華を作るならこの包丁がテンションを上げてくれます。幅が広い分、切った食材をのせられるので、移動が楽ちんです。

山中華を盛り上げるそのほかの道具

山中華を作る上で、あると便利な道具を紹介するよ。
特に蒸し物をするとき、蒸し器があると、作業がめっちゃ楽になるねん。

ステンレス蒸し器

中華鍋に水をはって、その上にこの蒸し器を
セット。蒸し器の上に食材を置いて、フタを
すると、食材が蒸せる、という道具。蒸すと
きは、水に食材がつかないようにする必要が
ありますが、この蒸し器があれば、セイロが
なくても蒸し料理がかんたんに楽しめます。

アルミホイル

中華鍋にはフタがないんです。そんなとき
は、アルミホイルがおすすめ。鍋の大き
さに合わせて切ったアルミホイルを被せれ
ば、フタのかわりになります。蒸し料理や
煮ものなどで、フタが必要なときに使用し
てください。

シェラカップ

いろんな用途に使えるシェラカップ。この
本では合わせ調味料や水溶き片栗粉を入れ
る役目で使いました。通常シェラカップに
は水量の目盛りも付いているし、鍋にカン
カンと打ち付けながら、加えることができ
るので、とても使いやすいですよ。

ササラ

このササラは本当に便利。細い竹がひと括
りになった天然素材のたわしです。中華鍋
を使い終わったあと、このササラでゴシゴ
シ洗います。丸い中華鍋の形にフィットす
るようにササラも曲がるので、とても洗い
やすく重宝しています。

豆板醤 (トウバンジャン)

そら豆が原料となる中国の味噌。唐辛子が入ったものを豆板辣醤と呼びますが、一般的に売られている豆板醤にも唐辛子が入っていることがほとんどです。さまざまな辛味がミックスされた四川豆板醤はしびれる辛さが特徴です。豆板醤の代わりに使うと四川風になりますよ。

山中華で使う中華調味料はコレ

中華料理を中華たらしめる調味料の主役といえば、「醤（ジャン）」。醤は主材料が違ったりして、いろんな種類がありますが、基本的には、にんにくや生姜などがすでに合わせてある調味料です。本書で使用する醤を始め、中華らしい調味料を集めてみました。どれもスーパーで手に入るものなので、ぜひ集めてみてください。

芝麻醤
(チーマージャン)

炒りごまをすり潰し、植物性の油で溶いてペースト状にしたもの。主に担々麺のスープに使ったり、和えものに使ったりしています。この醤でしか出せない味があるので、ひとつ持っておくと便利です。

甜面醤
(テンメンジャン)

甘くて濃厚な味わいが特徴。中国の甘味噌とも言われています。たとえば、炒めものや麺類に使うと、甜麺醤が料理に深い味わいを与えてくれます。また、春巻きや餃子などの軽食にもよく合いますよ。

五香粉
（ウーシャンフェン）

一般的には、八角、シナモン、クローブ、ウイキョウ、花椒の5種類が混ざってパウダー状になったものをいいます。揚げ物の下味に入れたり、出来上がった料理にひと振りすると、もうそこに見えるのは中華の屋台。

搾菜
（ザーサイ）

元々はキュウリの一種で、塩や酢、唐辛子などで漬けたもの。漬け込まれることで、シャキシャキとした食感と酸味、塩味、辛味があります。チャーハンに入れて一緒に炒めたり、細かく刻んで肉味噌に入れたりといろんなアレンジができます。

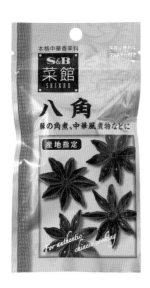

八角 （ハッカク・スターアニス）

中国原産の「トウシキミ」という木の果実を乾燥させたもの。かなり強い香りなので、入れすぎには注意が必要です。煮もの料理などと相性がよく、一度はまるとやみつきになる味です。

中華スープの素

鶏ガラスープの素とよく混同されますが、本書では、中華スープの素は調味料、鶏ガラスープの素は出汁の役割として使用しています。中華スープの素は、これだけで味がしっかり入ります。

村田流 山中華のコツ

きっとこの本を読んでくれるみなさんは、献立を決めてからキャンプへ出かけると思います。作るものが決まっているのなら、家でできることはやってしまう、というのが村田流。中華で大事なのは下準備です。一度食材に火をかけると流れるように進んでいきますので、材料は切っておいたり、下味はつけてから、キャンプ場へ持ち込んじゃいましょう。これをやるだけで、当日の料理が楽になるのはもちろん、料理が手早くなるので、中華も美味しく仕上がります。

その1
家でできることは、家でやってしまえ！

掲載されているレシピの Home アイコンが、その工程。その日に食べるレシピの工程で、やれることは事前に済ませておきます。例えば食材を切る作業。ものを切ったりするのは、意外と面倒に感じます。これをやっておくだけでも、当日の調理はとても楽になります。切った材料は、一緒に炒めるものなら、まとめてジッパー付き保存袋に入れて持っていきましょう。

その2
下味もつけてしまえ！

肉や魚に塩、こしょうを振ったりと、下味をつける工程がありますが、こちらも家でやり、ジッパー付き保存袋に入れて持っていきます。ただ、食材に塩が入ると水分が出てきます。調理前にキッチンペーパーなどで水気を拭き取ってから、調理するようにします。

その3
調味料は小分けして
持っていく！

酒、醤油、塩、こしょうなどの基本的な調味料の他に、豆板醤などの中華的調味料が加わると、調味料だけでけっこうな量になったりします。ですが、実際に使う量は少量だったりするので、ボトルごと持ち込まず、小分けにして持っていくようにしています。密閉ボトルは100円ショップなどでも手に入るし、キャンプ道具としてもおしゃれなものがたくさん売っています。ここも個性の見せ所ですね！

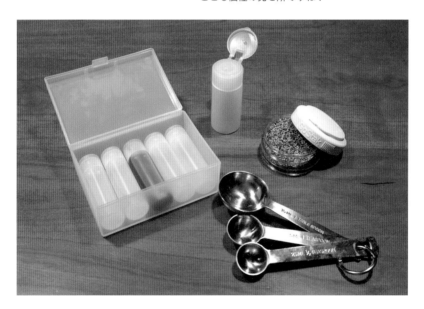

その4
油凝固剤を忘れずに！

中華料理は意外と油を使います。揚げ物なんてした日には、それを処分するのに一苦労。油はそのまま流せないので、処分のときは油凝固剤が便利。油は固めて燃えるゴミとして捨てましょう。この面倒くささを超えるくらいの、できたての揚げ物を食べる喜びをぜひ感じてほしい！

山中華で使っているキャンプ道具

ここでは僕がいつも山中華キャンプのときに使っている道具を紹介します。ここで紹介する道具は、一部ではあるけれど、どれも中華を作るときに盛り上げてくれる道具。特に焚き火の火力を最大限に引き出してくれるロケットストーブは、中華との相性抜群なんです。中華だからといって特別な道具が必要なわけではないので、これまで持っていた道具でも、すぐに始められますよ！

村中ロケット
（ロケットストーブ）

これは、オリジナルで作った村田中華（略して村中）専用のロケットストーブです。ロケットストーブは、燃焼効率が上がる煙突型が特徴。細い枝から太い薪まで、あっという間に燃やして、火柱が立つほどの炎を作ってくれます。ただ、薪を大量に使うので、使用するときは、多めに購入しておく必要があります。

高火力で中華鍋をガンガン熱してくれる。家庭用のコンロでこれは絶対無理！

炸鏈 (ジャーレン)

中華料理で使われる穴杓子。中華鍋の中から具材をすくうときに使用するもの。ザルの代わりにもなるので、すくった具材をシェラカップなどにのせて、湯切りや油切りするときに便利です。材質は鉄製やステンレス製などさまざまあります。

切り株

これは 20cm くらいの切り株なんですが、こういう切り株はひとつあるととても便利です。例えば、ちょっと腰掛ける椅子にしたり、薪割り台にしたり、まな板にしたり……。キャンプではちょっとした平らな台が重宝するので、そんなときは切り株がおすすめ。

薪ばさみ

いろんな薪ばさみがありますが、これは細長いのが特徴。煙突型のロケットストーブを使っているとき、短い薪ばさみだと煙突の奥まで届かないんです。薪ばさみを選ぶときは、自分で使っている焚き火台の形状を一度考えてみてください！

ハリケーンランタン

嵐にも負けない（消えない）ランタンだから、ハリケーンランタンという名前。このデザインは、100 年以上変わっていないと言われています。明るさはほのかで、優しくまわりを照らしてくれ、キャンプのムードメーカーのひとつです。

CHAPTER2

村田流 山中華

一品料理編

～ど・定番のザ・中華、さっそく作ってみよう～

麻婆豆腐に、酢豚に、エビチリ、八宝菜！

いわゆる中華屋の定番メニュー。

美味しくて、それだけで大満足なおかずたち。

村田流のレシピを余すところなく紹介しよう。

さあ、いよいよ鍋を振るう時が来た！

最後に混ぜるとき、お玉の腹を
使って混ぜれば、豆腐を崩さずに
かき混ぜることができるよ。

四川麻婆豆腐

Shisen Mabo Dofu

約30min

材料

豆腐（絹ごし / 水気をきっておく）‥‥ 300g	B 醤油 ‥‥‥‥‥‥‥‥‥‥‥‥‥‥ 大さじ1
豚挽き肉 ‥‥‥‥‥‥‥‥‥‥‥‥‥ 120g	紹興酒 ‥‥‥‥‥‥‥‥‥‥‥‥ 小さじ1
長ねぎ（白い部分）‥‥‥‥‥‥‥‥ 1/4 本	鶏ガラスープの素、うま味調味料、塩、
豆豉 ‥‥‥‥‥‥‥‥‥‥‥‥‥‥ 小さじ 1/2	こしょう ‥‥‥‥‥‥‥‥‥‥‥ 各少々
A 豆板醤 ‥‥‥‥‥‥‥‥‥‥‥‥‥ 大さじ1	水 ‥‥‥‥‥‥‥‥‥‥‥‥‥‥‥ 150㎖
甜麺醤 ‥‥‥‥‥‥‥‥‥‥‥ 大さじ 1/2	水溶き片栗粉（水と片栗粉1:1）‥‥ 大さじ 2
ラー油 ‥‥‥‥‥‥‥‥‥‥‥ 大さじ 1/2	ごま油 ‥‥‥‥‥‥‥‥‥‥‥‥‥ 大さじ1
にんにく（すりおろし）‥‥‥‥‥ 小さじ1	花椒粉 ‥‥‥‥‥‥‥‥‥‥‥‥‥‥‥ 適量
花椒 ‥‥‥‥‥‥‥‥‥‥‥‥‥ 小さじ1	糸唐辛子 ‥‥‥‥‥‥‥‥‥‥‥‥‥‥ 適量

豆板醤 豆板醤

＋

豆腐

＋

煮る 煮

作り方

1 豆腐はさいの目に切り、長ねぎは斜め薄切りにする。

2 中華鍋にごま油を入れて火にかけ、豚挽き肉を入れて火が通るまでしっかり炒める。

3 2 に A を加え、混ぜ合わせる。

4 中華鍋を火から外し、豆豉、豆腐を加えたら火に戻し、3 分ほど煮込む。

5 豆腐がプルプルしてきたら、B を加えて混ぜ合わせる。

6 水溶き片栗粉を加え、軽く混ぜてとろみをつける。

7 長ねぎ、ごま油小さじ1（分量外）を加え、30 秒ほど煮る。

8 器に盛り、仕上げに花椒粉をかけ、唐辛子をのせる。

長ねぎは粗くみじん切りにするのがポイント。食感も風味も仕上がりの彩りもよくなるんやで。

36

約 **20** min

エビチリ

Ebi Chili

豆板醬

＋

エビ

＋

炒める

材 料

エビ（殻付き）…………………… 10 尾ほど	
長ねぎ………………………………… 1/2 本	
にんにく………………………………… 1 片	
生姜…………………………………… 1 片	

A
酒 ………………………… 小さじ 2
塩、こしょう …………………… 少々
片栗粉 …………………………… 大さじ 1

B
ケチャップ ……………………… 大さじ 3
砂糖 ……………………………… 小さじ 2
鶏ガラスープの素 ……………… 小さじ 1
片栗粉 …………………………… 小さじ 1
水 ………………………………… 100㎖
豆板醬 ……………………… 小さじ 1 と 1/2
ごま油 …………………………… 大さじ 1
レタス ……………………………… 適量

作り方

Home

1 エビを流水でよく洗い、キッチンペーパーで水気を拭きとる。尻尾の部分を残して殻をむき、背中に浅い切り込みを入れ、背ワタを爪楊枝などでとる。

2 長ねぎは粗みじん切りに、にんにく、生姜はみじん切りにする。

3 エビに **A** を揉み込んで下味をつける（最後に片栗粉をまぶす）。

Camp

4 中華鍋にごま油を入れて火にかけ、鍋全体に油を回して馴染ませてから **2** を入れ、軽く炒める。このとき、ねぎを焦がさないように注意！

5 香りが立ってきたら豆板醬を加え、エビを入れてプリッとするまで炒める。

6 最後に、よく混ぜ合わせた **B** を加えて 2 分ほど炒め、とろみがついたら完成！

7 お好みで、レタスなどを敷いた器に盛る。

4、5 で素揚げをする理由は、あらかじめ肉や野菜に火を通せば、最後に
炒めすぎず、強火でサッと仕上げられるから。野菜の彩りもよくなるよ。

約 **30** min

青椒肉絲

Chinjao Rosu

オイスターソース

豚肉

炒める

材料

豚肩ロース肉（厚切り）・・・・・・・・・・・・・ 150g
ピーマン ・・・・・・・・・・・・・・・・・・・・・・・・・・・・ 2 個
パプリカ（赤）・・・・・・・・・・・・・・・・・・・・・・ 1/4 個
たけのこ（水煮）・・・・・・・・・・・・・・・・・・・・ 60g
長ねぎ（白い部分）・・・・・・・・・・ 20g（5cm）
生姜 ・・・・・・・・・・・・・・・・・・・・・・・・・・・・・・・ 1 片
卵 ・・・・・・・・・・・・・・・・・・・・・・・・・・・・・・・・・・ 1 個
A オイスターソース ・・・・・・・・・・ 小さじ 1/2
　　紹興酒（なければ酒）・・・・・・・・・・ 小さじ 1
　　片栗粉、塩、こしょう ・・・・・・・・・ 各少々

B 酒 ・・・・・・・・・・・・・・・・・・・・・・・ 大さじ 1 と 1/2
　　オイスターソース ・・・・・・・・・・・・・ 大さじ 1
　　醤油・・・・・・・・・・・・・・・・・・・・・・・・・・ 小さじ 1
　　鶏ガラスープの素 ・・・・・・・・・・・・ 小さじ 1
　　水 ・・・・・・・・・・・・・・・・・・・・・・・・・・ 大さじ 2
　　うま味調味料、砂糖、こしょう ・・・・・各少々
水溶き片栗粉（水と片栗粉 1:1）・・・ 大さじ 1
サラダ油 ・・・・・・・・・・・・・・・・・・・・・・・・・・ 適量

作り方

Home

1 豚肩ロース肉、ピーマン、パプリカ、たけのこは同じサイズの細切りにする。

2 長ねぎと生姜は粗みじん切りにする。

Camp

3 ボウルに豚肉を入れ、半量の溶き卵（1/2 個分）と **A** と加えてよく混ぜる。

4 中華鍋に多めのサラダ油を入れて火にかけ、**3** の豚肉を入れて素揚げし、ザルにあげる。

5 ピーマン、パプリカの順でそれぞれ素揚げし、その都度ザルにあげる。

6 中華鍋に **2** を入れて軽く炒めたら、**4**、**5**、たけのこ、**B** を加えて混ぜ合わせる。

7 水溶き片栗粉を加え、軽く混ぜてとろみをつける。

8 器に盛る。

もし酸っぱさが気になるよう
なら、酢はいれなくても OK！

約20min

きくらげ卵炒め

Kikurage Tamago Itame

材料

豚こま切れ肉	120g		
小松菜	1/2 株		
にんにく	1片		
きくらげ（乾燥）	6g		
卵	2個		
塩、こしょう	少々		

A
酒 ························· 小さじ1
片栗粉 ······················ 小さじ1
塩、こしょう ················· 少々

B
酒 ························· 大さじ1
オイスターソース ········· 大さじ 1/2
醤油 ························· 小さじ1
酢 ························· 小さじ1
中華スープの素 ··········· 小さじ1
水 ························· 大さじ1

サラダ油 ····················· 大さじ1
ラー油 ························· 適量

作り方

1 豚肉、小松菜は一口大に切り、にんにくはみじん切りにする。

2 豚肉は **A** で下味をつける。

3 きくらげはぬるま湯で戻し、かたい部分を切り落とす。

4 卵はよく溶いて、塩、こしょうを軽くふる。

5 中華鍋にサラダ油を入れて火にかけ、にんにくを炒める。香りが立ったら、豚肉、小松菜、きくらげを入れて炒める。

6 炒めた具材を端に寄せ、溶き卵を流し込み、ざっくり混ぜながら軽く火を通す。

7 **B** を加え、全体を軽く炒め合わせたら火から外す。

8 器に盛り、お好みでラー油を全体に回しかける。

肉の臭み消しとして、長ネギと生
姜は必ず用意して。丼にして食べ
ても GOOD！

豚肉と
にんにくの芽炒め

Butaniku to Ninnikunome Itame

材料

豚ヒレ肉（厚切り）……………………100g
にんにくの芽……………………… 200g
長ねぎ（白い部分）…………………… 10cm
生姜 …………………………………… 1片
A 酒、片栗卵、サラダ油…… 各小さじ1
　　醤油 ………………………… 小さじ1/2
　　うま味調味料、塩、こしょう … 各少々

B 醤油 ………………… 大さじ1と1/2
　　酒 …………………………… 大さじ1
　　片栗粉 ……………… 小さじ1と1/2
　　砂糖 ……………………… 小さじ1
　　うま味調味料…………… 小さじ1/4
　　こしょう ……………………… 少々
　　湯 ……………………………… 大さじ2
ごま油 ………………………………… 少々
サラダ油 ……………………………… 適量

作り方

1 豚ヒレ肉は1.5cm厚さの細切りにして、**A**で下味をつける。

2 にんにくの芽は5cm長さに切り、長ねぎの半量、生姜はみ
じん切りにする。残りの長ねぎは極細に切って水にさらし、
水気を拭きとっておく。

3 ボウルに**B**を入れ、よく混ぜ合わせる。

4 中華鍋に多めのサラダ油を入れて火にかけ、熱した油で豚肉
を揚げて取り出す。

5 にんにくの芽を素揚げして、鍋から取り出す。

6 少量のサラダ油で生姜とみじん切りにしたねぎを炒め、**4**、**5**
を投入して軽く炒め合わせたら、**3**で調味する。とろみがつ
いたら、仕上げにごま油少々をかける。

7 器に盛り、**2**のさらしねぎをのせる。

約 **10** min

酢豚

Subuta

材 料

豚ロース肉（厚切り） ················· 200g
ピーマン ······························· 1個
パプリカ ····························· 1/2 個
玉ねぎ ······························· 1/2 個
A 片栗粉 ························· 大さじ 2
　醬油 ····························· 小さじ 1
　酒 ······························· 小さじ 1
　生姜（チューブ） ············· 小さじ 1
　こしょう ··························· 少々

B 酢 ······························· 大さじ 2
　ケチャップ ·················· 大さじ 2
　醬油 ··························· 大さじ 1
　砂糖 ··························· 大さじ 1
　片栗粉 ······················· 大さじ 1
糸唐辛子 ····························· 適量
サラダ油 ····························· 適量

ケチャップ

豚肉

炒める

作り方

1 豚ロース肉、野菜を一口大に切る。

2 ボウルに **A** を合わせ、豚肉を揉むようにして下味をつける。

3 中華鍋に多めのサラダ油を入れて火にかけ、豚肉から炒める。

4 豚肉に焼き色がつき火が通ったら、野菜を入れて、さっと炒める。

5 **B** を加え、全体に絡めたら火から外す。

6 器に盛り、糸唐辛子をのせる。

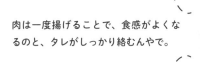

肉は一度揚げることで、食感がよくなるのと、タレがしっかり絡むんやで。

八宝菜

Happosai

村田流 山中華 一品料理編 CHAPTER 2

材料

豚こま切れ肉 ……………………… 100g
にんじん …………………………… 1/4 本
白菜 ………………………………… 1/8 個
長ねぎ ……………………………… 5cm
かまぼこ …………………………… 1/8 本
きくらげ（乾燥）………………… 5g
うずら卵（水煮）………………… 3 個
A 酒 ……………………………… 大さじ1
　塩、こしょう ………………… 少々
　片栗粉 …………………… 小さじ1と1/2

B 酒、みりん、醤油、オイスターソース
　………………………………… 各大さじ1
　砂糖 …………………………… 小さじ2
　中華スープの素 ……………… 小さじ1
　塩、生姜（チューブ）………… 各少々
　水 ………………………………… 100㎖
水溶き片栗粉（水と片栗粉 2:1）…… 45㎖
サラダ油 ………………………………… 適量
ごま油 …………………………………… 大さじ1
ブラックペッパー ……………………… 適量

オイスターソース + 炒める

作り方

1 豚こま切れ肉は一口大に切り、**A** を揉み込んで下味をつける（最後に片栗粉をまぶす）。

2 野菜、かまぼこを一口大のいい感じに切り、きくらげはぬるま湯で戻して、かたい部分を切り落とす。

3 中華鍋に多めのサラダ油を入れて火にかけ、豚肉から炒める。

4 次に火の通りの悪いにんじんを入れて炒め、しんなりしたら残りの具材も加えてさっと炒める。

5 **B** を注いで鍋を火から外し、水溶き片栗粉を3回ほどに分けて入れていく。

6 仕上げにごま油とブラックペッパーをかけて完成！

八宝菜の「八」は、たくさんという意味。入れる野菜に決まりはないから、好きな野菜でアレンジしてな！

レバーを炒めすぎると食感がボソボソして
しまうから、全体に焼き色が付いてからは、
スピードを上げて仕上げてね！

約15min

ごはんの親友 レバニラ炒め

Gohan no Shinyu Rebanira Itame

材料

鶏レバー	150g 〜 200g	**B** 鶏ガラスープの素	小さじ1
ニラ	1/2 袋	砂糖	小さじ1
もやし	150g	醤油	小さじ1と1/2
長ねぎ（白い部分）	10cm	オイスターソース	大さじ1
豆板醤	小さじ1/2	酒	小さじ1と1/2
生姜	1 片	片栗粉	小さじ1.5
A 塩、こしょう	少々	ごま油	小さじ1
酒	小さじ1	糸唐辛子	適量
片栗粉	小さじ1		
サラダ油	適量		

作り方

1 鶏レバーは一口大、ニラは 10cm 長さ、生姜と長ねぎはみじん切りにする。

2 ボウルにレバーと **A** を合わせ、レバーを揉むようにして下味をつける。

3 ボウルに **B** を入れ、よく混ぜ合わせる。

4 中華鍋にごま油を入れ火にかけ、豆板醤と **1** の生姜、長ねぎを入れ、香りが出るまで炒める。

5 **2** を加え中火にし、レバーの両面に焼き目がついたら、もやしを加え強火にし、しんなりするまで炒める

6 **3** を加え軽く混ぜ、とろみがついたら **1** のニラを加え、タレと馴染ませるように炒める。

7 好みでごま油（分量外）を回しかける。

8 器に盛り、糸唐辛子をのせる。

材料の大きさは均等に切る！
こうすることで、炒めたときに全
体に均一に火が通るねん。

約20min

鶏肉と
カシューナッツ炒め

Toriniku to Cashew nuts Itame

豆板醤 豆板醤

＋

鶏肉

＋

炒める 炒

材料

鶏もも肉 ……………………………… 100g	**B** 醤油 ………………………… 大さじ1
ピーマン ……………………………… 1個	酒 …………………………… 大さじ1
パプリカ (赤) ……………………… 1/6 個	生姜 (チューブ) …………… 大さじ1
長ねぎ …………………………… 8cm	水溶き片栗粉 (水と片栗粉2:1)
カシューナッツ (ロースト) ………… 100g	………………………… 大さじ1
赤唐辛子 ………………………… 2 本	砂糖 ………………………… 小さじ1
A 酒 ………………………… 大さじ1	中華スープの素 ……… 小さじ 1/2
片栗粉 ……………………… 大さじ1	うま味調味料 ………………… 少々
醤油 ………………………… 小さじ1	水 …………………………… 大さじ1
サラダ油 …………………… 小さじ1	**C** 豆板醤 ……………………… 小さじ1
塩、こしょう …………………… 少々	ラー油 ……………………… 小さじ1
	サラダ油 ………………………… 適量
	ごま油 …………………………… 適量

作り方

Home

1 鶏もも肉、ピーマン、パプリカ、長ねぎは、食べやすいサイズに切る。

2 鶏肉は **A** で下味をつけておく。

Camp

3 **B** をボウルに合わせ、よく混ぜる。

4 中華鍋にサラダ油を入れて火にかけ、カシューナッツを素揚げして、取り出す。

5 鶏肉を多めの油で炒める。**1** の野菜を加えてさらに炒め、取り出す。

6 赤唐子を輪切りにし、**C** と合わせて炒めたら、**4**、**5** をすべて鍋に戻す。

7 **3** を加え、全体を手早く炒め合わせる。仕上げにごま油で香りづけして完成。

約 15 min 回鍋肉

Hoikoro

材料

豚バラ肉 (スライス) ……………………100g
キャベツ ……………… 1/8 個 (約 100g)
ピーマン ……………………… 1 ～ 2 個
長ねぎ ……………………………… 1/4 本
A 豆板醤 ………………………… 大さじ 1/2
　　甜麺醤 ………………………… 大さじ 1/2
　　にんにく (チューブ) ……… 小さじ 1/2

B 酒 ……………………………… 大さじ 1/2
　　醤油 ………………………………… 小さじ 1
　　うま味調味料 ……………………… 少々
片栗粉 ………………………………… 大さじ 1
サラダ油 ………………………………… 適量
ラー油 ………………………………… 小さじ 1/2

豆板醤

豚肉

炒める

作り方

1 豚バラ肉は 4 ～ 5cm 幅に切り、軽く片栗粉をまぶす。

2 キャベツ、ピーマンは食べやすい大きさにカットし、長ねぎは斜め切りにする。

3 中華鍋にサラダ油を入れて火にかけ、キャベツとピーマンをさっと炒め、取り出しておく。

4 中華鍋にサラダ油を回し、**1** を炒める。火が通ったら、長ねぎと **A** を加えてさっと炒める。

5 全体に調味料が絡まったら、**3** と **B** を加えて全体を混ぜ合わせる。

6 お好みでラー油を加えて完成。

最後の炒めは、強火で一気に仕上げるんやで！
焚き火の準備はいつでも万端にしておこう。

茄子と豚肉のピリ辛炒め

Nasu to Butaniku no Piri-kara Itame

材料

豚こま切れ肉 ························· 150g	
茄子 ································· 1本	
長ねぎ ······························ 10cm	
A 片栗粉 ·················· 大さじ1と1/2	
酒 ······················ 大さじ1	
塩、こしょう ··············· 少々	

B	
味噌 ··························· 大さじ4	
酒 ···························· 大さじ1	
みりん ······················· 大さじ1	
豆板醤 ······················· 小さじ1	
砂糖 ··························· 小さじ1	
醤油 ··························· 小さじ1	
にんにく (チューブ) ············· 少々	
生姜 (チューブ) ··············· 少々	
サラダ油 ··························· 大さじ2	
糸唐辛子 ···························· 適量	

豆板醤 豆板醤 ➕ 茄子 ➕ 炒める

作り方

 Home

1 豚こま切れ肉は一口大に切り、**A** で下味をつける。

2 茄子は乱切りに、長ねぎは厚めの斜め切りにする。

 Camp

3 中華鍋にサラダ油を入れて火にかけ、豚肉を炒める。

4 長ねぎを加え、油とよく絡めたら、最後に茄子を入れて炒める。

5 **B** を加え、全体によく絡めたら完成！

6 器に盛り、糸唐辛子をのせる。

茄子の食感を残すためには、炒めすぎに注意。強火でサッとを心がけるんやで！

エビの下ごしらえって結構重要やねん。これをちゃんとやれば、生臭さが取れて美味しさ倍増になんで！

約20min

エビマヨ

Ebimayo

材料

エビ（殻付き）	………………	10尾ほど
A 塩	………………………	小さじ1
片栗粉	…………………	大さじ2
水	……………………	大さじ2
B 酒	………………………	小さじ2
塩、こしょう	…………	ちょい多め
にんにく（チューブ）	…………	少々
生姜（チューブ）	……………	少々
片栗粉	…………………	大さじ2
ごま油	…………………	小さじ1

C マヨネーズ	……………………	大さじ3
練乳	……………………	大さじ1と1/2
ケチャップ	…………………	大さじ1
レモン汁	……………………	小さじ1
バター（常温）	…………………	5g
サラダ油	…………………………	適量
ブラックペッパー	…………………	適量
刻みパセリ	………………………	適量

作り方

1 エビは尻尾の部分を残して殻をむき、背中に浅い切り込みを入れ、背ワタを爪楊枝などでとる。

2 ボウルやビニール袋に **A** を合わせ、エビを入れ、揉むようにして汚れと臭みをとる。

3 **2** を流水でよく洗い、キッチンペーパーで水気を拭きとる。

4 エビに下味をつける。**B** をよく揉み込み、均等に片栗粉をまぶし、最後にごま油を加えてよく混ぜる。

5 中華鍋に多めのサラダ油を入れて火にかけ、**4** を揚げ焼きにする。

6 **C** を合わせてマヨソースを作る。

7 エビに **6** を絡めて器に盛り、ブラックペッパー、刻みパセリをふって完成！

マヨネーズ
マ
＋
エビ
＋
揚げる 揚

CHAPTER3

杤田流 山中華
揚げ物編

～揚げ物が大好きです。
今日から揚げるのも好きになりそうです～

炒めるのも中華だが

揚げるのもまた中華。

家の中では

においとかコンロの汚れとか色々気になって

ともすると敬遠されがちな揚げ物だけど

山中華では思う存分、揚げられる！！

そう、中華鍋って揚げ物もお任せな万能鍋なんです。

約 **30** min

油淋鶏
Yurinchi

材料

鶏もも肉	1枚（250〜300g）		
A 醤油	大さじ1		
塩、こしょう	少々		
片栗粉	大さじ2		
長ねぎ（白い部分）	1/4本		

B 醤油、酢、砂糖、ごま油、ラー油 ……………………… 各大さじ1
鶏ガラスープの素 …………… 小さじ1
生姜（チューブ）……………… 3cm
サラダ油 ……………………………… 大さじ1
糸唐辛子 ……………………………… 適量

作り方

Home

1 鶏もも肉は軟骨を取り除き、厚さが均一になるように包丁で開く。長ねぎはみじん切りにする。

Camp

2 鶏肉は皮目をフォークでプスプスと刺し、**A** で下味をつけて5分ほどおく。

3 **2** の全面に片栗粉をまぶす。

4 中華鍋にサラダ油を入れて火にかけ、**3** を入れて皮目から焼く。きつね色になったら裏返し、アルミホイルなどでフタをして5分ほど蒸し焼きにする。

5 ボウルに長ねぎと **B** を入れ、よく混ぜ合わせて旨ねぎダレを作る。

6 鶏を中華鍋から取り出し、2cm幅に切る。

7 器に盛り、**5** をかけて糸唐辛子をのせる。

中華鍋が熱くなりすぎていると、表面だけ焦げてしまうよ。
アルミホイルでフタをするときは、火加減に注意やな。

生のイカが面倒なら、冷凍イカでも
OK！ その場合は、解凍後、しっかり
水気を取ってから調理しよう。

約10 min

イカの中華唐揚げ

Ika no Chuka Karaage

花椒
➕
イカ
➕
揚げる

材料

イカ	1杯	ごま油	大さじ1
A 花椒粉	小さじ1	片栗粉	大さじ2
塩、こしょう	少々	サラダ油	適量
B 醤油	小さじ2	糸唐辛子	適量
にんにく（チューブ）	2cm	マヨネーズ	適量
生姜（チューブ）	2cm		

作り方

1 イカの胴からワタと足を引き抜く。胴から軟骨を取り除き、皮をむいて 1cm の輪切りにする。足は目の下で切り落とし、2〜3本に切り分ける。さっと洗って水気を拭く。

2 イカに **A** をまぶす。

3 ビニール袋などに **B** を合わせ、**2** を入れて揉み込む。

4 ごま油を加えてさらに揉み、片栗粉を入れてイカ全体に絡める。

5 中華鍋に多めのサラダ油を入れて火にかける。熱した油に **4** を入れ、上下を返しながらカラッと揚げる。

6 お好みで糸唐辛子を散らし、マヨネーズを添える。

約20min

白身魚のフライ
〜中華薬味ダレ

Shiromizakana no Fly ~Chuka yakumi dare

材料

白身魚（生鱈などの切り身）……… 2 切れ
天ぷら粉 ……………………… 大さじ 2
A 醤油 …………………………… 大さじ 1
　 酢 ……………………………… 大さじ 1/2
　 砂糖 ………………………………… 小さじ 1
　 オイスターソース、ごま油、
　 鶏ガラスープの素 …… 各小さじ 1/2

A 生姜（チューブ）…………………… 1cm
　 長ねぎ（みじん切り）………… 大さじ 1
　 パセリ（みじん切り）……… 大さじ 1/2
サラダ油 ……………………………… 適量

作り方

1 A を合わせてよく混ぜ、中華薬味ダレを作る。

2 天ぷら粉を同量の水（分量外）で溶き、白身魚に衣をつける。

3 中華鍋に多めのサラダ油を入れて火にかける。熱した油で、**2** の切り身を揚げる。

4 器に盛り、**1** の中華薬味ダレをたっぷりかけて完成。

カラッと揚げるコツは、強火で一気に短時間でやること！ 揚げたときに出る気泡が小さくなってきたら、取り出しの合図！

村田流 山中華　揚げ物編　CHAPTER 3

オイスターソース
＋
白身魚
＋
揚げる
揚

約 **15** min

揚げ餃子
～旨辛ダレ

Age Gyoza ~Umakaradare

材料

冷凍餃子 ················ 1パック（10 個）
小ねぎ ························· 4 ～ 5 本
A 醤油 ······················· 大さじ 4
　 酢 ·························· 大さじ 1
　 ごま油 ····················· 大さじ 1
　 いりごま（白）··············· 小さじ 2

A 豆板醤 ····················· 小さじ 1
　 砂糖 ······················· 小さじ 1
サラダ油 ························· 適量

作り方

1 **A** を合わせてよく混ぜ、旨辛ダレを作る。

2 小ねぎを小口切りにする。

3 中華鍋に多めのサラダ油を入れて火にかけ、熱した油で冷凍餃子がキツネ色になり、カラッとするまで揚げる。

4 器に盛り、**1** の旨辛ダレをかけて小ねぎを散らす。

豆板醤　豆板醤

餃子

揚げる　揚

油で揚げているときに、餃子がふくらんできたら、箸で押して潰そう。そのままにすると、爆発するから気をつけて！

約 **20** min

王道唐揚げ

Odo Karaage

ごま油
＋
鶏肉
＋
揚げる

揚

（ 材料 ）

鶏もも肉 ················· 1 枚 (250 〜 300g)	ごま油 ····························· 大さじ 1/2
A にんにく (チューブ) ················ 2cm	サラダ油 ··························· 大さじ 2
生姜 (チューブ) ·················· 2cm	片栗粉 ····························· 大さじ 2
紹興酒 (酒でも可) ············· 大さじ 1	サラダ油 (揚げ用) ····················· 適量
醤油 ···························· 大さじ 1	糸唐辛子 ···························· 適量
	パセリ ····························· 適量

（ 作り方 ）

Home

1 鶏もも肉を一口大にカットする。

2 ボウルやビニール袋に **A** を入れ、鶏肉を揉み込んで、30 分ほどおく。

3 **2** にごま油、サラダ油大さじ 1 を入れて全体にまぶす。油を加えることで下味とうま味を閉じ込め、ごま油の風味でよりおいしく仕上がる。

Camp

4 片栗粉をまぶすようにつける。

5 さらに、サラダ油大さじ 1 で全体をコーティングする。

6 中華鍋に多めのサラダ油を入れて火にかけ、熱した油で 10 分ほどかけてじっくり揚げて完成。

7 器に盛り、お好みで糸唐辛子を散らし、パセリを添える。

ジューシーに仕上げるコツは、**5** でやる油のコーティング。このひと手間で、カラッとジューシーになるんやで。

69

約25min

冷凍エビ焼売
～スイートチリマヨソース

Reito Ebi Shumai Sweet Chili Mayo sauce

材料

冷凍エビ焼売	10 個	マヨネーズ	大さじ 3
片栗粉	適量	サラダ油	適量
スイートチリソース	大さじ 4	サニーレタス	適量

作り方

1 冷凍エビ焼売は解凍しておく。

2 焼売に片栗粉をまぶす。

3 中華鍋に多めのサラダ油を入れて火にかけ、熱した油で **2** がキツネ色になり、カラッとするまで揚げる。

4 スイートチリソースとマヨネーズを混ぜ合わせる。

5 揚げたての焼売に **4** を絡めて完成。あれば、サニーレタスなどの葉ものを添えて、器に盛る。

スイートチリソース + 焼売 + 揚げる

ソースは、たっぷり絡めて食べるのがおすすめ！
このソースはどんな揚げ物にも合うから、試してみて！

約20min

豚こまで
中華風唐揚げ

Butakoma de Chukafu Karaage

五香粉

＋

豚肉

＋

揚げる 揚

材 料

豚こま切れ肉 …………………… 200g	ごま油 …………………………… 大さじ1
A にんにく（チューブ）………… 3cm	卵 ……………………………………… 1個
生姜（チューブ）……………… 3cm	片栗粉 ……………………… 大さじ3
醤油 ………………………… 大さじ1	サラダ油 ……………………………… 適量
五香粉 ……………………… 小さじ1	貝割れ大根 ……………………………… 適量

作り方

Home

1 豚こま切れ肉に **A** を揉み込んで、30分ほどおく。

2 ごま油を全体にまぶす。

Camp

3 溶いた卵を **2** に混ぜ合わせる。

4 さらに片栗粉を混ぜる。

5 サラダ油大さじ1で全体をコーティングする。

6 中華鍋に多めのサラダ油を入れて火にかけ、熱した油で一口大にまとめた **5** を揚げる。

7 器に盛り、あれば貝割れ大根などを添える。

普通の唐揚げとはちょっと違うフワフワの食感を楽しんで！
マヨネーズや好みのスパイスソルトをかけても◎！

73

揚げ茄子の旨辛和え

Age Nasu no Umakaraage

約 **15** min

材料

茄子 ……………………… 2本 (約200g)	**A** 砂糖 ………………………… 小さじ1
片栗粉 ………………………………… 適量	ラー油 ……………………… 大さじ1
A 醤油 …………………………… 大さじ2	鶏ガラスープの素…………… 小さじ1
酢 …………………………… 大さじ2	いりごま (白) ……………………… 適量
酒 …………………………… 大さじ1	サラダ油 ………………………………… 適量

作り方

Camp

1 茄子は乱切りにして片栗粉をまぶす。

2 器に **A** を合わせ、よく混ぜておく。

3 中華鍋に多めのサラダ油を入れて火にかけ、熱した油で **1** が油に浮いてくるまで揚げる。

4 揚げたてを **2** のタレに絡めて完成！

ラー油 + 茄子 + 揚げる

揚げた茄子はすぐにタレに絡めよう！ 茄子にどんどん味が染み込むで！

約45min

ジーパイ
（台湾風スパイシー唐揚げ）
Ji pai

材料

鶏むね肉 ･･････････････････ 1枚（250g）
A　醤油 ･･････････････････････ 大さじ1
　　酒 ････････････････････････ 大さじ1
　　砂糖 ･･････････････････････ 小さじ1
　　にんにく（チューブ） ･･････････ 2cm
　　生姜（チューブ） ･･････････････ 2cm
　　五香粉 ･･･････････････････ 小さじ1/2

A　塩、こしょう、ブラックペッパー、
　　チリペッパー ････････････････ 各少々
卵 ･･････････････････････････････ 1個
片栗粉 ･･･････････････････････････ 適量
サラダ油 ･････････････････････････ 適量

五香粉 ＋ 鶏肉 ＋ 揚げる

作り方

Home

1 鶏むね肉の皮を取り除き、厚みのある部分は均等になるように切り開く。

2 麺棒やハンマー、ビール瓶などで、3mm ほどの厚さになるまでひたすら叩く。

Camp

3 ボウルやジッパー付き保存袋に A を合わせてよく混ぜ、**2** を30 分ほど漬ける。

4 別のボウルに卵を割りほぐす。**3** の鶏肉をくぐらせ、片栗粉を全面にまぶして衣をつける。

5 中華鍋に少なめのサラダ油を入れて火にかける。熱した油で**4** をときどき裏返しながら、10 分ほどかけて揚げ焼きにする。

肉を叩く理由は、厚みを均等にして、平べったくすることで、火の入りが早くなるからなんやで！

約 10 min

五香粉香る メカジキ唐揚げ

Gokofun kaoru Mekajiki Karaage

 五香粉

 白身魚

揚げる

材料

メカジキ	2切れ	片栗粉	適量
長ねぎ（白い部分）	1/4本	サラダ油	適量
A 醤油	大さじ1	糸唐辛子	適量
酒	大さじ1		
みりん	大さじ1		
にんにく（チューブ）	2cm		
生姜（チューブ）	2cm		
五香粉	小さじ1		

作り方

Home

1 長ねぎは千切りにする。

2 **A** を混ぜ合わせ、メカジキを 30 分漬け込み、片栗粉をまぶす。

Camp

3 中華鍋に多めのサラダ油を入れて火にかけ、熱した油でメカジキを揚げる。

4 仕上げに **1** のねぎと糸唐辛子をのせる。

火が入ったメカジキは、崩れやすいので、取り出すときは慎重に！

79

約15min

ちくわの中華風磯辺揚げ

Chikuwa no Chukafu Isobeage

材料

ちくわ ……………………………… 4本	サラダ油 ……………………………… 適量
A 薄力粉 …………………………… 大さじ 2	ラー油 ………………………………… 適量
青のり ………………………… 小さじ 1/2	花椒 …………………………………… 適量
水 ……………………………… 大さじ 2	パセリ ………………………………… 適量

作り方

1 ちくわは斜め半分に切る。

2 **A** を混ぜ合わせて衣を作る。

3 中華鍋に多めのサラダ油を入れて火にかけ、熱した油で **2** の衣をつけたちくわを揚げる。

4 ラー油、花椒をかけて完成。あればパセリを添える。

青のり

ちくわ

揚げる

揚げるときは、ちくわに衣がつけばいいので、焦げ付かないようにサッと揚げるんやで。

すぐにできる 中華前菜 5選

ベースとなる3種のソース

辛味四川

ごま油	豆板醤	花椒	ラー油	五香粉
大さじ1	小さじ1	小さじ1	小さじ1	小さじ1/2

シンプル塩

ごま油	鶏ガラスープの素
大さじ1	大さじ1

濃厚ごま

練りごま （芝麻醤でも可）	砂糖	味噌	ラー油	鶏ガラスープの素
大さじ1	小さじ2	小さじ2	小さじ2	小さじ1/2

シンプル塩

きゅうり中華和え

材

きゅうり ……………………… 1本
糸唐辛子 ……………………… 適量
いりごま (白) ………………… 適量

作り方

1 きゅうりは2、3か所、縦に皮をむく。ジッパー付き保存袋に入れ、めん棒などで軽く叩き、塩（分量外）を揉み込んで5分ほどおく。

2 きゅうりから出た水分を拭き、食べやすい長さに切り、シンプル塩で和える。

3 仕上げにいりごまを散らし、糸唐辛子をのせる。

辛味四川

② トマトのソースがけ

材料

トマト ································· 1個
長ねぎ ································· 3cm

作り方

1 トマトを食べやすい大きさにカットする。

2 長ねぎは細切りにする。

3 辛味四川と **2** を混ぜ合わせたソースをトマトにかける。

濃厚ごま

③ サラダチキンのバンバンジー

材料

サラダチキン（市販品）………… 1/2 個
きゅうり …………………………… 1/2 本

作り方

1 サラダチキン、きゅうりを同じサイズに細長く切る。

2 濃厚ごまで **1** を和える。

3 お好みでブラックペッパー、追いラー油（分量外）をかけても！

辛味四川

冷奴

材料

豆腐 ……………………………… 1/2 丁
長ねぎ ……………………………… 1/4 本

作り方

1　豆腐を食べやすい大きさに切る。

2　長ねぎをみじん切りにする。

3　辛味四川に **2** を加え、よく混ぜ合わせる。

4　豆腐に **3** をかけて完成。

⑤

スパイシー春雨サラダ

材料

春雨 ································ 20g
きゅうり ··························· 1/4 本
ハム ································ 2 枚

作り方

1 中華鍋に湯を沸かして春雨を茹で、食べやすい長さに切る。

2 きゅうり、ハムは細切りにする。

3 **1**と**2**を合わせ、シンプル塩で和える。

CHAPTER4

村田流 山中華
ごはん編

~麺とか丼とか飯とか、おなかいっぱいになりたい~

お待たせしました！
ごはんものが通ります！

チャーハンに天津飯、ジャージャー麺に担々麺
あんかけ焼きそばに、え、カレー⁉

飲んだあとの締めにもよさそうな、ごはんものレシピ

たまには食欲に負けて
おなかいっぱいになってください。

約25 min

ホタテ香る天津飯

Hotate kaoru Tenshinhan

材 料

ごはん	多めの1膳分 (200g)	ごま油	大さじ1
ホタテ (缶詰)	1缶	サラダ油	大さじ2
卵	2個	小ねぎ (小口切り)	適量
カニかまぼこ	3本		

A　酒　小さじ2
　　酢　小さじ1
　　醤油　小さじ1
　　鶏ガラスープの素　小さじ1
　　ごま油　小さじ1
　　片栗粉　大さじ2
　　塩、黒こしょう　少々
　　水　150㎖

卵

＋

ホタテ

＋

焼く

作り方

Camp

1　ボウルに卵と細かくほぐしたカニかまぼこを入れ、よく混ぜ合わせる。

2　中華鍋にごま油を入れて火にかけ、**1** を流し入れたら菜箸でぐるぐるっと円を描くように混ぜ、半熟状になったら火から外す。

3　ボウルにごはんと汁気をきったホタテを入れ、混ぜ合わせる。

4　器に **3** を盛り、**2** をかける。

5　中華鍋にサラダ油を入れて火にかけ、**A** を入れてよく混ぜ合わせる。

6　沸騰してとろみがついてきたら、火から外す。

7　**4** に **6** をかけて、小ねぎを散らす。

もし米を炊くのであれば、ホタテ缶の汁を使おう！汁をすべて入れて、水量が足りない分は水を足してね。

約15 min 中華風親子丼

Chukafu Oyakodon

材料

ごはん…………… 多めの1膳分（200g）	
鶏もも肉…………………………… 80g	
玉ねぎ…………………………… 1/4個	
卵…………………………………… 1個	
大葉……………………………… 1枚	

A 醤油 …………………………… 小さじ1
　 酒 ……………………………… 小さじ1
　 砂糖 ………………………… 小さじ1/2
　 塩 …………………………… 小さじ1/2
　 鶏ガラスープの素 ………… 小さじ1/2
　 水 ………………………………… 100㎖
水溶き片栗粉（水と片栗粉2:1）… 大さじ1
ごま油 …………………………… 大さじ1

作り方

Home

1 鶏もも肉は一口大に、玉ねぎは2〜3mm厚さに切る。大葉は千切りにする。

Camp

2 中華鍋に鶏肉、玉ねぎ、**A** を合わせて火にかける。

3 全体に火が通ったら、水溶き片栗粉でとろみをつける。

4 割りほぐした卵を流し入れ、軽く混ぜてごま油を入れる。

5 器に盛ったごはんの上に **4** をかけ、大葉をのせて出来上がり！

大葉のアクセントがたまらない一品。
量は好みで調整してね。

約 **40** min

炙りチャーシュー丼

Aburi Cha-shu don

五香粉

豚肉

焼く

材料

ごはん ················ 多めの 1 膳分（200g）	
豚バラ肉（ブロック）················ 150g	
りんご ····························· 1/4 個	
玉ねぎ ····························· 1/4 個	

A	
醤油 ································· 50㎖	
酒 ······························ 大さじ 2	
砂糖 ···························· 小さじ 2	
長ねぎ（青い部分）··············· 1 本分	
にんにく（チューブ）··············· 3cm	
五香粉 ························· 小さじ 1/2	

作り方

Home

1 りんご、玉ねぎはすりおろす。

2 ジッパー付き保存袋に **1** と **A** を合わせ、豚バラブロックを 2 日ほど漬け込む。

Camp

3 キャンプ場で 30 分ほど常温に戻し、中華鍋で弱火でじっくりと焼く。

4 余熱で火が入るまで端の方で冷まし、切り分けてからバーナーで表面を軽く炙る。

5 器に盛ったごはんにのせて、完成！

りんごと玉ねぎをすりおろして、しっかり肉に甘みを移すねん。炙り肉はキャンプの醍醐味！

約 15 min

もやし餡かけ唐揚げ丼

Moyashi Ankake Karaage don

材料

ごはん ················ 多めの1膳分（200g）	生姜（チューブ） ························ 2cm
唐揚げ（市販品） ······················· 4個	塩、ブラックペッパー ················· 適量
もやし ·············· 1/2袋（100g 前後）	水溶き片栗粉（水と片栗粉2:1）··· 大さじ1
A 醤油 ····························· 小さじ1	サラダ油 ························· 大さじ1/2
酒 ······························· 小さじ1	ごま油 ····························· 小さじ1
鶏ガラスープの素 ············· 小さじ1	
水 ······························· 180㎖	

作り方

Camp

1 中華鍋にサラダ油を入れて火にかけ、生姜を入れる。

2 もやしを入れて軽く炒め、**A** を加えて煮立たせる。

3 塩、ブラックペッパーで味を調え、水溶き片栗粉でとろみをつけたら火から外し、ごま油を回しかける。

4 器に盛ったごはんの上に唐揚げをのせ、**3** をかける。お好みで追いブラックペッパーをかけて！

唐揚げ

＋

もやし

＋

焼く

市販品の唐揚げを使えば、速攻でできるレシピ！
他の揚げ物でももちろん OK やで。

約10min

劇的簡単
ルーローハン

Gekiteki Kantan Rurohan

材料

ごはん……………… 多めの1膳分（200g）
豚バラ肉（スライス）………………… 100g
小松菜………………………… 1株（40g）
ゆで卵 ……………………………… 1個
フライドオニオン…………………… 10g
五香粉…………………………… 小さじ1/4

A　オイスターソース ……… 大さじ1と1/2
　酒 ……………………………… 大さじ1
　にんにく（チューブ）…………… 2cm
　生姜（チューブ）………………… 2cm
　水 ……………………………… 50mℓ
ごま油 …………………………… 大さじ1

五香粉

豚肉

焼く

作り方

Home

1 豚バラ肉は3cm幅に切り、小松菜は根元を切り落として3cm長さに切る。

2 ゆで卵を半分に切る（1/2個使用）。

Camp

3 中華鍋にごま油を入れて火にかけ、豚肉を炒める。火が通ったらフライドオニオン、五香紛を加えてさっと炒める。

4 Aを入れ、汁気が半量になるまで加熱したら、小松菜を入れてしんなりするまで炒める。

5 器に盛ったごはんに4をのせ、2を添える。

豚バラスライスを使えば、グツグツ煮なくても、すぐにできるねんで。

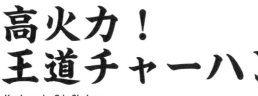

約20min

高火力！
王道チャーハン

Koukaryoku Odo Chahan

材料

ごはん ························ 1膳分（150g）		醤油 ································ 少々	
ウインナーソーセージ（シャウエッセン）		酒 ································ 少々	
································ 3本		サラダ油 ····························· 適量	
長ねぎ（白い部分）····················· 10cm		小ねぎ（小口切り）····················· 適量	
卵 ································· 1個		紅生姜 ····························· 適量	
A うま味調味料、塩、			
こしょう ··················· 各少々			

作り方

Camp

1 ウインナーソーセージは一口大に、長ねぎはみじん切りにし、卵は割りほぐして溶き卵にする。

2 中華鍋に多めのサラダ油を入れて火にかけ、鍋全体に油を回して煙が出る直前に油を容器にとる（油ならし）。新しい油でもう一度同様に油を回したら、溶き卵を入れる。

3 ごはんを加えてひと混ぜし、長ねぎ、ウインナー、**A**を加えて炒める。

4 ごはんがまんべんなく卵に馴染み、白い部分がなくなったら、醤油、酒、サラダ油各少々を加え、全体をしっとりさせる。

5 器に盛り、小ねぎをのせ、お好みで紅生姜を添える。

焚き火の火力は、チャーハンを作るのに最適！この高火力でサッと炒めて、パラパラチャーハンを作ってや！

約30 min

餡かけカニかま チャーハン

Ankake Kanikama Chahan

ごはん ＋ カニかま ＋ 焼く

材料

ごはん ………………………… 1膳分（150g）	B　鶏ガラスープの素 ………… 小さじ1/2
カニかまぼこ ………………… 3本（50g）	砂糖、塩 ……………………… 各少々
長ねぎ（白い部分）……………… 1/2本	水 ……………………………… 120ml
卵 …………………………………… 2個	水溶き片栗粉 ………………… 大さじ1〜
A　うま味調味料 …………… 小さじ1/4	サラダ油 …………………………… 適量
塩、こしょう ………………… 少々	ごま油 ………………………… 小さじ1/2

作り方

1 カニかまぼこはざっくりほぐし、長ねぎはみじん切りにする。

2 卵1個は、黄身と白身に分ける。

3 **2**の黄身だけもう1個の卵と合わせて、溶きほぐしておく。

4 中華鍋にサラダ油を入れて火にかけ、**3**を入れ半熟状に炒める。

5 ごはんと半量の長ねぎを加えて炒める。**A**で味を調え、香りづけに醤油を少々（分量外）たらして軽く炒めたら、器に盛っておく。

6 中華鍋にサラダ油を入れて火にかけ、残りの長ねぎを軽く炒め、**B**とカニかまぼこを入れる。ひと煮立ちしたら、水溶き片栗粉でとろみをつける。

7 **2**の白身を溶いて流し込み、うっすら白く火が通ったら火から外し、ごま油をかける。

8 **5**にかけたら、出来上がり！

> アチアチの餡をかけるから、チャーハンが少し冷めていてもあまり気にならないよ！　白身を長く焼きすぎると固くなってしまうから、注意やで！

俺が大好きなあそこのチャーハンを
作ってみた。細切りにした具材たち
がチャーハンとよく合うのよ。

約20min

あの名店のチャーハン
Ano Meiten no Chahan

材料

ごはん……………………1膳分（150g）	
豚ロース肉（スライス）……………… 60g	
長ねぎ（白い部分）………………… 1/4本	
たけのこ（水煮）……………………40g	
卵………………………………1個	

A
酒………………………… 大さじ1
片栗粉………………… 小さじ1と1/2
醤油………………………… 小さじ1/2
ごま油………………………… 小さじ1/2
B
うま味調味料……………… 小さじ1/4
塩、こしょう……………………… 少々

C
オイスターソース………… 小さじ2
酒………………… 小さじ1と1/2
みりん……………… 小さじ1と1/2
醤油………………………… 小さじ1
鶏ガラスープの素………… 小さじ1
砂糖………………………… 小さじ1/2
水…………………………… 70㎖
水溶き片栗粉（水と片栗粉2:1）… 大さじ1
サラダ油……………………… 適量
ごま油……………………… 小さじ1/2

作り方

1 豚ロース肉は1cm幅の細切りにし、**A**を合わせたものを揉み込んでおく。

2 長ねぎはみじん切り、たけのこは細切りにする。

3 卵は割りほぐしておく。

4 中華鍋にサラダ油を入れて火にかけ、**3**を入れて半熟状に炒める。

5 ごはんと長ねぎを加えて炒める。**B**で味を調え、香りづけに醤油を少々（分量外）たらして軽く炒めたら、器に盛っておく。

6 中華鍋にサラダ油を入れて火にかけ、下味をつけた**1**の豚肉を炒める。

7 肉に火が通ったら、たけのこを入れて炒め、**C**を加える。

8 ひと煮立ちしたら、水溶き片栗粉でとろみをつける。

9 火から外してごま油をかけ、**5**の器に盛りつける。

キャンプでよく作るこの料理。中華の料理人だった親父から受け継いだものです。本格的な担々麺だからぜひ作って欲しい！

約30min

親父に教えてもらった
四川坦々麺

Shisen Tantanmen

材料

インスタントラーメン（マルタイラーメン）
・・・・・・・・・・・・・・・・・・・・・・・・・・・・・ 1人分
豚挽き肉 ・・・・・・・・・・・・・・・・・・・・・・・・・・・ 80g
ザーサイ ・・・・・・・・・・・・・・・・・・・・・・・・・・・ 20g
長ねぎ（白い部分）・・・・・・・・・・・・・・・・ 10cm
青梗菜 ・・・・・・・・・・・・・・・・・・・・・・・・・・・ 1/2株
A 芝麻醤 ・・・・・・・・・・・・・・・・・・・ 大さじ2
　醤油 ・・・・・・・・・・・・・・・・・・・・・ 大さじ2
　ラー油 ・・・・・・・・・・・・・・・・・・・ 大さじ1
　ねぎ油 ・・・・・・・・・・・・・・・・・ 小さじ1/2
　酢 ・・・・・・・・・・・・・・・・・・・・・ 小さじ1/2

B 甜麺醤 ・・・・・・・・・・・・・・・・・・・・・ 大さじ1
　生姜（チューブ）・・・・・・・・・・・・・・・ 2cm
　にんにく（チューブ）・・・・・・・・・・・ 2cm
鶏ガラスープの素 ・・・・・・・・・・・・・・・・ 小さじ4
水 ・・・・・・・・・・・・・・・・・・・・・・・・・・・・・ 400㎖
ごま油 ・・・・・・・・・・・・・・・・・・・・・・・・・・・・・ 適量

芝麻醤

＋

豚肉

＋

焼く

作り方

Home

1 ザーサイ、長ねぎはみじん切りにする。

2 ジッパー付き保存袋に **1** と **A** を入れ、軽く混ぜ合わせておく。

Camp

3 中華鍋にごま油を入れて火にかける。豚挽き肉と **2** を入れ、こんがりするまで炒めたら、取り出しておく。

4 中華鍋に湯（分量外）を沸かし、青梗菜をさっと湯通ししておく。

5 袋の表示通りに麺をゆで、湯をきる。

6 中華鍋に水と鶏ガラスープの素を入れ、ひと煮立ちしたら器に注ぐ。

7 器に **5** の麺を入れ、**3** の肉味噌と **4** の青梗菜を添える。

約 **15** min

辛ラーメン冷麺

Shin Ramen Reimen

材料

インスタントラーメン（辛ラーメン）… 1袋	
サラダチキン（市販品）………………… 30g	
きゅうり ……………………………… 1/4 本	
味付き卵（市販品）………………… 1個	
キムチ ………………………………… 15g	

A		
	酢 ………………………………… 小さじ 2
	醤油 ……………………………… 小さじ 2
	砂糖 ……………………………… 小さじ 1
	ごま油 ……………………………… 少々

酢

ラーメン

茹でる

作り方

Home

1 サラダチキンは適当にカットし、きゅうりは細切りにする。味付き卵は半分に切り、1/2 個を使用。

Camp

2 付属の粉末スープと **A** を器に入れ、お好みの濃さ、味になるように湯（分量外）を加える。

3 中華鍋に湯（分量外）を沸かし、袋の表示より少しかために麺をゆで、湯をきる。

4 麺を水で締めて **2** のスープに入れ、氷（分量外）を入れる。彩りよく具材をトッピングして完成！

辛いのが好きな人は、このレシピ通りでいいけど、苦手なら、少し水を足してみてね！

約15min

町中華の 速攻カレー

Soko Curry

材料

ごはん ················ 多めの1膳分（200g）	
豚バラ肉 ·································· 120g	
玉ねぎ·································· 1/2 個	
ピーマン ·································· 3 個	
にんにく ·································· 1片	
生姜 ·································· 1片	
甜麺醤·································· 小さじ1	
カレー粉 ·································· 大さじ2	

A　水 ·································· 300㎖
　　鶏ガラスープの素 ····· 小さじ1と1/2
　　砂糖 ·································· 大さじ1
　　醤油 ·································· 大さじ1
　　オイスターソース ·············· 大さじ1
水溶き片栗粉（水と片栗粉2：1）
 ·································· 小さじ1と1/2
塩、こしょう ·························· 少々
サラダ油 ·································· 適量

カレー粉

豚肉

炒める

作り方

Home

1 玉ねぎは薄切り、豚バラ肉、ピーマンは一口大、にんにく、生姜はみじん切りにする。

Camp

2 中華鍋にサラダ油を入れて火にかけ、油が温まる前に、にんにくと生姜を入れさっと炒める。

3 豚肉を加え炒め、豚肉に火が通ったら、玉ねぎとピーマンを加え炒め、塩、こしょうで味をつける。

4 甜麺醤を加え混ぜ、さらにカレー粉を加え混ぜるように炒める。

5 Aを加えひと煮立ちさせたら、水溶き片栗粉でとろみをつける。

6 器にごはんを盛り、5 をかける。

高火力で炒めるように作るねん！
辛いのが好きなら、最後にラー油を
かけても GOOD！

3 で炒めるにんにくは、きつね色になるまで
じっくり炒めよう。こうすることで、風味
が豊かになるねん。

タンメン

Tanmen

約20 min

材料

ちぢれ太麺（生）……………………1玉
豚バラ肉（スライス）………………100g
キャベツ ………………………… 2～3枚 *
もやし ……………………………… 1/2袋 *
ニラ ………………………………… 5本 *
にんじん ……………………………… 5cm*
(* ミックス野菜でも可)
にんにく（みじん切り）………… 小さじ1/2
サラダ油 …………………………… 大さじ1
ごま油…………………………………… 適量

A　酒 ……………………………… 大さじ1
　　牛乳 …………………………… 大さじ1
　　オイスターソース ………… 小さじ1
　　鶏ガラスープの素………… 小さじ1
　　砂糖………………………… 小さじ1/2
　　だしの素 ………………… 小さじ1/2
　　生姜（チューブ）………… 小さじ1/2
　　塩 ……………………………… 小さじ1/2
　　うま味調味料 …………… 小さじ1/4
　　水 ……………………………… 300㎖

作り方

1 豚バラ肉、野菜類は食べやすい大きさにカットする。

2 中華鍋に湯（分量外）を沸かし、表示より少しかために麺をゆで、湯をきる。

3 中華鍋にサラダ油を入れて火にかけ、にんにくを少し焦がすように炒める。

4 まず肉を炒め、火が通ったらにんじん、キャベツ、ニラ、もやしの順に加えて炒め、取り出しておく。

5 中華鍋に **A** を合わせて火にかける。煮立ったら **4** を戻して、さらにひと煮立ちさせる。

6 **2** の麺を **5** に戻して温めてから、器に盛る。

7 仕上げにごま油をかけて完成。お好みで、すりごま（分量外）などをかけてもおいしい。

火を使い始めたら、スピード勝負！
下準備をしっかりしてから作り始めよう！

約20min

王道餡かけ焼きそば

Odo Ankake Yakisoba

材料

焼きそば用麺	1玉
シーフードミックス（エビ、イカ入り）	50g
白菜	1/8個
小松菜	1株
にんじん	1/3本
たけのこ（水煮）	15g
長ねぎ（白い部分）	15cm
きくらげ（乾燥）	5個
生姜	1片

A
オイスターソース	大さじ1と1/2
醤油	大さじ1と1/2
砂糖	大さじ1/2
酒	大さじ1
鶏ガラスープの素	小さじ1
うま味調味料	少々
こしょう	少々

水溶き片栗粉（水と片栗粉1:1）	20㎖
サラダ油	適量
ごま油	小さじ1/2

作り方

Home

1 白菜は一口大、小松菜は10cm長さに切る。にんじんは半月切り、たけのこは千切り、長ねぎは斜め細切り、生姜は皮つきのまま千切りにする。きくらげはぬるま湯で戻しておく。

Camp

2 中華鍋に湯を沸かし、シーフードミックス、にんじん、きくらげを入れて湯通しする。具材はザルにあげ、湯を250㎖だけ取り置く。

3 中華鍋に多めのサラダ油を入れて火にかける。麺をほぐしながら入れ、揚げるように両面を焼き、取り出しておく。

4 中華鍋に長ねぎと生姜を入れて炒め、香りが立ったら白菜、たけのこ、**A**、**2**で取り置いた湯を加える。

5 白菜がしんなりしてきたら、火から外す。小松菜を加えて火に戻し、ひと煮立ちさせたら火から外す。

6 水溶き片栗粉を加え、軽く混ぜてとろみをつける。

7 **2**のシーフードミックス、にんじん、きくらげを加え、全体を軽く混ぜ合わせたら器に盛る。仕上げに、ごま油を回しかける。

約**25**min

ジャージャー麺

Ja Ja Men

材料

中太麺（生）……………………… 1玉
豚挽き肉 ………………………… 150g
しいたけ ………………………… 1本
たけのこ（水煮）………………… 30g
長ねぎ …………………………… 1/3本
きゅうり ………………………… 1/2本
にんにく（チューブ）………… 小さじ1
生姜（チューブ）……………… 小さじ1
ごま油…………………………… 大さじ1

A 甜麺醤 ………………………… 大さじ2
醤油……………………………… 大さじ1
豆板醤、酒、鶏ガラスープの素、
砂糖、片栗粉 ……………… 各小さじ1
水 …………………………… 100㎖

甜麺醤
＋
豚肉
＋
炒める

作り方

1 しいたけ、たけのこ、長ねぎの半量はみじん切りにする。

2 きゅうりは細切りにする。残り半量の長ねぎを極細に切って
水にさらし、水気を拭きとっておく（白髪ねぎ）。

3 中華鍋に湯（分量外）を沸かし、表示通りに麺をゆで、水で
締めておく。

4 中華鍋にごま油を入れて火にかけ、にんにく、生姜を入れて
香りを出し、豚挽き肉を炒める。

5 **1**を入れて炒め合わせる。

6 **A**を加えてひと煮立ちさせる。とろみのある肉味噌が完成！

7 **3**の麺を器に盛り、**6**の肉味噌をかけ、**2**のきゅうりと白髪ね
ぎをトッピングする。

冷たい麺だから、夏におすす
め！ ガーッとかき込むよう
に食べてほしい！

約20min

濃厚ピリ辛
うまかっちゃん

Noukou Pirikara Umakachan

材料

インスタントラーメン（うまかっちゃん）
……………………………………… 1袋
豚挽き肉 …………………………… 40g
ごま高菜（市販品）………………… 25g
A 豆板醤 …………………… 小さじ1/2
　｜ ラード …………………… 小さじ1/2

B 豆板醤、にんにく（チューブ）、
　｜ 生姜（チューブ） ……… 各小さじ1/2
ごま油 ………………………………… 少々
糸唐辛子 ……………………………… 適量

豆板醤 豆板醤

➕

豚肉

➕

炒める 炒

作り方

Camp

1 器に、付属の粉末スープと調味油、**A** を合わせておく。

2 中華鍋にごま油を入れて火にかけ、豚挽き肉と **B** を合わせて
炒める。

3 ごま高菜を加えて軽く炒め、取り出しておく。

4 中華鍋に分量の湯を沸かし、麺を表示通りにゆでたら、**1** に
汁ごと入れる。

5 取り置いていた **3** をのせ、糸唐辛子を散らして完成。

これはうまかっちゃんでしか、作れない味。
だから、絶対うまかっちゃんを用意してな！

約 **15** min

坦々豆乳つけ麺

Tan Tan Tounyu Tsukemen

材料

太麺（生／つけ麺用）‥‥‥‥‥‥‥‥‥ 1 玉
牛豚合い挽き肉 ‥‥‥‥‥‥‥‥‥‥‥ 40g
A 豆板醤、にんにく（みじん切り）、
　　生姜（チューブ）‥‥‥‥ 各小さじ 1/2
B 味噌‥‥‥‥‥‥‥‥‥‥‥‥‥ 小さじ 2
　　鶏ガラスープの素、醤油、ポン酢、砂糖
　　‥‥‥‥‥‥‥‥‥‥‥‥‥ 各小さじ 1
　　無調整豆乳、水 ‥‥‥‥‥ 各 100mℓ

C 玉ねぎ（みじん切り、水にさらす）、
　　小ねぎ（小口切り）、炒りごま、ラー油
　　‥‥‥‥‥‥‥‥‥‥‥‥‥‥ 各少々
ごま油 ‥‥‥‥‥‥‥‥‥‥‥‥‥ 大さじ 1
味付け卵（市販品）‥‥‥‥‥‥‥‥‥ 半分
糸唐辛子 ‥‥‥‥‥‥‥‥‥‥‥‥‥ 適量

作り方

Camp

1 中華鍋にごま油を入れて火にかけ、合い挽き肉と **A** を合わせて炒める。

2 **B** を加え、ひと煮立ちさせる。

3 火から外して **C** を加えたら、つけダレ完成。ボウルなどの小さな器に移す。

4 中華鍋に湯（分量外）を沸かし、表示通りに麺をゆで、水で締める。

5 麺を器に盛って糸唐辛子を散らし、味付け卵を添える。

挽き肉を炒めるときは、出てくる油が透明になるまで、しっかり炒めるねん。こうすることで肉の臭みが無くなるんやで。

村田流 山中華

スープ・蒸し料理編

～あったらうれしい、ほっとする、ホカホカなおかず～

炎を囲んで

あたたかいスープを啜る…

大昔から人類が愛するこの光景

山中華でもできるんです

王道のわかめスープから、ほかほかなシュウマイまで

汁物や蒸し料理もここで押さえて

山中華で中華三昧が完成だ！

約15min

ふわとろ卵の中華コーンスープ

Fuwatoro Tamago no Chuka Corn Soup

材料

クリームコーン缶（小）…… 1/2 缶（約 100g）
A 鶏ガラスープの素 ………… 小さじ 1
| 水 …………………………… 200㎖
卵 ………………………………… 1 個

水溶き片栗粉（水と片栗粉 1:1）…… 大さじ 1
塩、こしょう …………………………… 少々
ごま油 …………………………………… 小さじ 1

作り方

Camp

卵 + 煮る

1 中華鍋にクリームコーンと **A** を合わせて火にかけ、沸騰したら塩、こしょうをふる。

2 火から外して水炊き片栗粉でとろみをつけ、溶き卵を回し入れたら、再び火にかける。

3 沸騰直前に卵をかき混ぜ、火から外して器に注ぐ。

4 仕上げにごま油をかけて、完成！

卵は火を止めてから加えて、予熱で熱を入れよう。
卵が固まりすぎないようによく鍋の中を見ててね。

125

約20min

黒胡椒香る スーラータン

Kurokosho Kaoru Su-ra-tan

材料

豚バラ肉（スライス） …………………… 30g
たけのこ（水煮） ………………………… 15g
しいたけ ………………………………… 1本
にんじん ……………………………… 1/6 本
絹ごし豆腐 ……………………………… 50g
卵 ………………………………………… 1個
A 鶏ガラスープの素 …………… 大さじ1
　水 ………………………………… 300㎖

B 醤油 ………………………… 大さじ 1/2
　ラー油 ……………………… 小さじ1
　塩 ………………………… 小さじ 1/2
　ブラックペッパー …………………… 少々
酢 …………………………… 小さじ1と1/2
水溶き片栗粉（水と片栗粉1:1）… 大さじ1
小ねぎ（小口切り） ………………………… 適量
ブラックペッパー ……………………… 少々

ブラックペッパー

＋
卵

＋
煮る
（煮）

作り方

Home

1 卵以外の具材はすべて細切りにする。

Camp

2 中華鍋に **A** を入れて火にかける。

3 沸騰したら **1** の豚肉と野菜類を入れ、具材が柔らかくなったら豆腐を加える。

4 **B** を入れてひと煮立ちさせる。

5 水溶き片栗粉を入れてとろみをつけ、再度煮立ってきたら溶き卵を入れる。

6 卵が浮いてきたら火から外し、酢を入れてひと混ぜする。

7 器に注ぐ。小ねぎを散らし、ブラックペッパーをふって完成。

酸っぱさとブラックペッパーの辛味の相性が抜群の少し大人のスープ。夜に星でも見ながら、飲んじゃいなよ！

127

約 **15** min

王道わかめスープ

Odo Wakame Soup

材料

乾燥わかめ ………… ひとつまみ (2 ～ 3g)	鶏ガラスープの素 ………………… 小さじ1
長ねぎ ………………………………… 3cm	水 …………………………………… 200㎖
にんにく (チューブ) ………… 小さじ1/2	いりごま (白) …………………………… 適量
ごま油 …………………………… 小さじ2	

作り方

Camp

1 長ねぎを小口切りにする。

2 中華鍋にごま油を入れて火をかけ、にんにく、**1**のねぎを入れて軽く炒める。

3 水と鶏ガラスープの素を入れて沸騰させる。

4 乾燥わかめを入れたら、火から外す。

5 わかめが柔らかくなれば完成。器に注ぎ、いりごまをふる。

鶏ガラ

＋

わかめ

＋

煮る

とてもかんたんにできるから、もう一品ほしいなってときには、重宝するレシピやね！

約 **25** min

真鯛の中華蒸し

Madai no Chuka Mushi

材料

真鯛（切り身）	大きめ1切れ	塩	少々
長ねぎ（白い部分）	1/4本	**A** オイスターソース、醤油、酢	
小ねぎ	2〜3本		各大さじ1
パクチー	適量	ごま油	大さじ1
にんにく（チューブ）	1cm		
生姜（チューブ）	1cm		

オイスターソース

白身魚

作り方

Camp

1 真鯛の切り身に塩をふり、にんにく、生姜を塗り込んで、蒸し器にセット。湯気の上がった中華鍋で約8分蒸す。

2 長ねぎは細切り、小ねぎは小口切り、パクチーは根本を切り落として食べやすい大きさに切る。

3 **A** をよく混ぜ合わせてソースを作る。

4 **1** が蒸し上がったら器に盛り、**3** を回しかけ、細切りにした長ねぎをのせる。

5 中華鍋にごま油を入れて火にかけ、煙が出るほど熱したら、長ねぎの上にジャッとかける。油はねに要注意！

6 小ねぎとパクチーを散らして完成。

鍋にくっつくので、真鯛は皮目を上にして入れてね。最後に油をかけるときは、必ずねぎの上に。ソースにかかると、油が爆発するからね！

約 25 min

鶏むね肉とキャベツの旨ダレ蒸し

Torimuneniku to Kyabetsu no Umadaremushi

材料

鶏むね肉 ……………………… 1枚（250g）	**A** 醤油 ……………………… 大さじ2
キャベツ …………………… 3〜4枚	酒、砂糖 ……………… 各大さじ1
長ねぎ ……………………… 1/2本	鶏ガラスープの素、
	酢、ごま油、ラー油 ……… 各小さじ1

作り方

Home

1 鶏むね肉は1cm厚さのそぎ切りにする。

Camp

2 蒸し器にキャベツを敷き、カットした**1**を均等に並べる。

3 10〜15分蒸す。途中でチョイチョイ様子を見て、火力と時間を調整して！

4 長ねぎをみじん切りにし、**A**の材料をすべて混ぜ合わせる。

5 蒸し上がったら、**4**のタレをかけて完成。

鶏むね肉は均等にそぎ切りしよう。大きさを揃えれば、上手に蒸せるよ。

133

約20min

ふんわふわ！の シューマイ
Funwafuwa no Shumai

醤油

豚肉

蒸す

材料

豚挽き肉	100g	**A**	片栗粉	小さじ2
玉ねぎ	1/4個		醤油	小さじ1
シューマイの皮	5枚		ごま油	小さじ1
			塩	少々

レタス ··· 適量
酢、醤油 ·· 各適量

作り方

Home

1 玉ねぎはみじん切りにする。

Camp

2 ボウルに豚挽き肉と**1**の玉ねぎ、**A**を入れ、よく混ぜ合わせる。

3 シューマイの皮に、5等分した**2**をのせて包む。

4 蒸し器にレタスを敷き、**3**をのせて7分ほど蒸す。

5 レタスごと器に盛り、好みの割合で酢醤油を作り、つけていただく。

餡を混ぜるとき、白く粘り気が出るまで混ぜよう。これがふんわふわのコツ！

135

村田流 山中華
キャンプの過ごし方

自然の中で焚き火と一緒に中華を作る。

これが僕の今のキャンプの過ごし方です。

山中華の真骨頂をご覧ください。

僕のキャンプ道具

A マット類
寝るときに敷くマット。温かい季節はこれだけ敷いて寝ることもあります。

B ザック
燃料やクッカーなど細かいギアはすべてこの中に収納しています。

C 村中ロケット（焚き火台・ロケットストーブ）
山中華をするには、これがないと始まらない！

D 焚き火台
こちらは観賞用の焚き火台。火を見たいときにはこっちの焚き火台を使います。

E ハリケーンランタン
明るすぎるのも嫌なので、ほのかに照らしてくれるこのランタンがお気に入りです。

F 切り株
僕は主に椅子にしたり、薪割りの台として使っています。

G グローブ
ナイフを使うときや、焚き火をするときに使う革製のグローブです。

H 中華包丁とナイフ
ナイフは、薪を割るときに使っています。

I テント
1ポールのテント。コットン製の生地なので、焚き火にも強いテントです。

J 山中華3点セット
山中華には欠かせない料理道具たち。

K クッカー類
ごはんを炊いたり、コーヒーを入れるときには、これらを使います。

L テーブル
高さが3段階に調整できるテーブル。ソロキャンプにちょうどいい大きさを選びました。

13:00 到着

キャンプ場に到着。今回は都内のとあるキャンプ場にきました。サイトまでは歩いて行くんだけど、いろんな景色があって面白い。周りを見ながらゆっくり向かいます。

テントを張るときは、向きが重要！ テントの中から見える景色を意識して、入り口を決めよう！

テントサイト完成 14:00

ソロキャンプのよいところは、設営がすぐ終わるところ。あっという間にサイトができました。目の前には村中ストーブを置いて、さぁ山中華キャンプの始まりや！

切り株の位置が座るところ。そこから手を伸ばせばすべての場所に手が届くように配置しています。

15:00 散歩

ごはんを作るにはまだ早いので、周辺を散歩します。ゆっくり景色を見ながら歩くって、僕にとっては貴重な時間。こうやって過ごせるのもキャンプの醍醐味なんです。

たまには童心に返ったっていいやんな？ターザンやったの何年ぶりやろ。

山中華の幕開け 17:00

たくさん歩いてお腹も減ったので、料理の準備を始めます。まずは焚き火から！ バトニングで細かく薪を割って、いよいよ村中ストーブに火を入れます。

フェザースティックづくり。これが火口になるんです。

今日のメニューはレバニラ！
材料は全部切ってきてあるから、
炒めるだけで完成します。
中華鍋に材料が入ったときの
ジュ〜って音がめっちゃ好き！
いい匂いすんねん！

焚き火の時間 19:00

日が落ちたら焚き火の時間。焚き火がしたくてキャンプに来るようなものなので、ここからは炎を肴に、気が済むまでお酒を飲みます。

火が消えないように薪をくべて空気を送る。この育てる作業が本当に楽しいんですよね。

21:00 # またあした！

ゆっくり過ごしているから時間の流れもゆっくり流れている気がする。その証拠に 21 時くらいになると、もう心地良い疲れと一緒に眠気がくるんですよ。

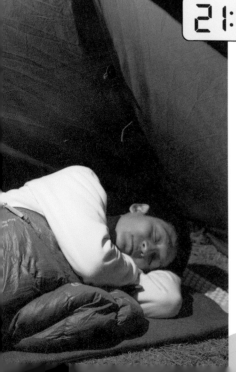

テントに入ってからは、本を読んだりスマホを見て、そのまま寝落ちしてしまう。なんて贅沢な日やろ！

おわりに

　最後まで読んでいただきありがとうございます。

　この本のレシピを作るため連日、中華料理を作りました。王将の調理師ぐらいコンロの前に一日中立ち、鍋を無心で振りました。これほどまで中華に対し、心血を注いだことは、これまで生きていてありません。この本は僕の渾身の処女作となりました。

　本当に全部美味しいので、ぜひこの味を再現して欲しいと心から思っています。

　特に言いたいのは坦々麺！

　これは実際に父に教えてもらった至極のレシピです。がんたんにできるし、それでいて店で食べるような味になることを保証します。

　山中華とは言っていますが、お家でもかんたんに作れます。コツは合わせ調味料をちゃんと作ること。これだけで失敗しにくくなりますよ。必殺技です。

　キャンプに行くときは、ザックの中に、この本を忍ばせてもらえれば光栄です。

　末長くこの本とお付き合いしていただけることを願っております。

　最後まで読んでくれたあなたに感謝感謝です。

とろサーモン　村田秀亮

村田秀亮
お笑い芸人

お笑いコンビ「とろサーモン」のツッコミ担当。芸人として活動するかたわら、芸人キャンプ集団「焚火会」に所属し、YouTube『ムラTUBE』では、自身のキャンプを発信し続けている無類のキャンプ好き。父は、日本に中華料理を伝えた偉人のひとり陳建民の弟子。幼少のころから、中華料理とは密接な関係にあった。趣味のキャンプとそんなソウルフード中華を掛け合わせ、山中華と名づけた本書は、自身初の著者本となる。

ブックデザイン　みうらしゅう子
撮影　　　　　　北村勇祐・Yusuke Baba（Beyond the Lenz）
スタイリング　　露木藍
編集協力　　　　吉本興業株式会社・石橋尊久（イシバシハザマ）・藤原大和・丸山悠・BaBasil
撮影協力　　　　UTUWA・花はなの里
企画・編集　　　マルヤマリョウヘイ（百日）
進行管理　　　　山本尚子（グラフィック社）

とろサーモン　村田秀亮の
<ruby>むら<rt>むら</rt>た<rt>た</rt>ひで<rt>ひで</rt>あき<rt>あき</rt></ruby>
中華鍋ひとつで山中華

2023年4月25日　第1刷発行

著　者　村田秀亮
発行者　西川正伸
発行所　株式会社グラフィック社
　　　　〒102-0073 東京都千代田区九段北1-14-17
　　　　Tel.03-3263-4318 Fax.03-3263-5297
　　　　http://www.graphicsha.co.jp
振　替　00130-6-114345
印刷・製本　株式会社シナノパブリッシングプレス

©2023 HIDEAKI MURATA / YOSHIMOTO KOGYO
ISBN978-4-7661-3697-5 C2077 Printed in Japan